Edrychwch Beth Fedra i Wneud!

Cyflwyniad i wahaniaethau.

Jon Roberts

Darluniau gan Hannah Rounding

GRAFFEG bach

Mae fy merch yn awtistig ac mae ganddi ADHD. Mae ei ffrindiau yn yr ysgol yn aml yn gofyn pam mae hi'n gwneud y pethau mae'n eu gwneud, fel chwifio'i dwylo, neu pam nad yw hi'n siarad. Mae plant yn chwilfrydig iawn ac eisiau deall pam mae pobl eraill yn byw ac yn ymddwyn mewn ffyrdd gwahanol. Maen nhw eisiau dysgu am amrywiaeth.

Ar ôl siarad â ffrindiau a theulu, penderfynwyd ysgrifennu'r llyfr hwn i helpu cynyddu ymwybyddiaeth yn yr ysgol ac yn y cartref, a rhannu storïau am fywyd go-iawn yn uniongyrchol gan blant o bob rhan o'r byd sydd ag anabledd. **Jon Roberts**

Edrychwch Beth Fedra i Wneud!
Cyhoeddwyd ym Mhrydain yn 2022 gan Graffeg Limited.

Ysgrifennwyd gan Jon Roberts hawlfraint © 2021. Addasiad Cymraeg gan Mary Jones.
Darluniwyd gan Hannah Rounding hawlfraint © 2021. Dyluniwyd a chynhyrchwyd gan Graffeg Limited hawlfraint © 2022.

Graffeg Limited, 24 Canolfan Busnes Parc y Strade, Heol Mwrwg, Llangennech, Llanelli, Sir Gaerfyrddin SA14 8YP Cymru
Tel 01554 824000 www.graffeg.com

Mae Jon Roberts drwy hyn yn cael ei gydnabod yn awdur y gwaith hwn yn unol ag adran 77 o Ddeddf Hawlfreintiau, Dyluniadau a Phatentau 1988.

Mae cofnod Catalog CIP ar gyfer y llyfr hwn i'w gael o'r Llyfrgell Brydeinig.

Mae'r cyhoeddwr yn cydnabod cefnogaeth ariannol Cyngor Llyfrau Cymru.
www.gwales.com

Adnoddau Addysgu:
www.graffeg.com/pages/teachers-resources

ISBN 9781802580525

1 2 3 4 5 6 7 8 9

FSC www.fsc.org MIX Paper from responsible sources FSC® C014138

Edrychwch Beth Fedra i Wneud!

Cyflwyniad i wahaniaethau.

Mae pob plentyn yn wahanol. Mae rhai'n swnllyd, yn hoffi siarad a dangos eu hunain. Mae eraill yn dawel ac yn hoffi bod ar eu pen eu hunain. Mae gan rai wahaniaethau y gallwch eu gweld, ac mae gan eraill wahaniaethau nad ydyn nhw mor amlwg efallai. Rydyn ni i gyd yn unigryw. Mae gennym i gyd ein bywyd ei hunain, ein breuddwydion ein hunain a'n doniau ein hunain. Dewch i weld beth allwn ni ei wneud.

GRAFFEG bach

EWCH

Miwsig a dawns

Mae Mali a Lilian yn cerdded i'r ysgol gyda'u ffrindiau. Maen nhw'n siarad am y pethau maen nhw'n eu mwynhau.

"Rwy'n hoffi chwarae cerddoriaeth," meddai Mali, gan bwyntio at ei soddgrwth.

Mae un o'r lleill yn pwyntio at ddwylo Mali. Maen nhw'n edrych yn wahanol i ddwylo'r plant eraill. "Ond sut medri di chwarae?" mae'r ferch yn gofyn.

Mae Mali yn gwenu. "Efallai mod i'n edrych yn wahanol, ond dydy hynny ddim yn golygu na fedra i ddim gwneud pethau. Mae gen i fy ffordd arbennig fy hun i'w gwneud, dyna'i gyd."

Mae Lilian yn deall. "Fel fi a dawns. Dydy fy nwy goes i ddim yr un hyd, a rhaid ifi wisgo esgid arbennig i'm helpu i gerdded yn iawn. Ond dydy hynny ddim yn fy rhwystro rhag cystadlu. Rydw i wedi ennill nifer o wobrau am ddawnsio."

"Ww!" meddai ei ffrind. "Wyddwn i ddim dy fod yn medru gwneud cymaint!"

Mae Mali yn gwenu. "Pan fydda i'n henach, rydw i am fod yn athrawes i allu helpu dysgu plant am wahaniaethau yn ein coesau a'n breichiau. Rydw am i bawb wybod nad yw bod yn wahanol ddim yn golygu na allwch chi wneud unrhyw beth fynnwch chi!"

Mae sawl ffordd i siarad

Mae Iola, Axel a Cai yn adeiladu gyda blociau. Mae Axel yn codi ei flociau mor uchel â thŵr. Mae un yn disgyn i'r llawr ac yn gwneud sŵn mawr, ond dydy Axel ddim yn sylwi.

"Dydw i ddim yn hoffi sŵn mawr a golau llachar," meddai Axel. "Maen nhw'n codi ofn arna i ac wedyn rwy'n methu â chanolbwyntio. Dyna pam rydw i'n gwisgo clustffonau. Maen nhw'n helpu atal y sŵn."

Mae Iola yn deall. "Rydw i'n hoffi bod o gwmpas pobl, ond mae'n anodd i fi siarad â nhw." Wrth siarad, mae Iola yn symud ei dwylo. Mae'n defnyddio Makaton, math o iaith arwyddion. "Rydw i'n gwneud fy ngorau i siarad, ond weithiau dydy'r geiriau ddim yn dod allan yn iawn. Dyna pam rydw i'n defnyddio fy arwyddion. Maen nhw'n fy helpu i wneud yn siŵr fod pobl yn fy neall! Ond rydw i eisiau cyfathrebu'n well. Rydw i'n hoffi ymarfer geiriau pan fydda i ar fy mhen fy hun gartre. Gobeithio ryw ddydd y byddan nhw mor glir ag yw fy arwyddion!"

Gerllaw mae Cai yn adeiladu llong roced. Mae'n esgus bod yn astronôt. Dydy Christopher ddim yn defnyddio geiriau o gwbl i siarad. Mae'n defnyddio lluniau a chardiau pan fydd eisiau dweud rhywbeth.

Mae Iola, Axel a Cai i gyd yn awtistig. Mae'n bosibl dweud bob amser os yw rhywun yn awtistig. Mae nifer o bobl awtistig yn cael anhawster cyfathrebu â phobl a chysylltu â'r byd o'u cwmpas, ond maen nhw'n dal i ymdrechu, bob dydd!

(Dwedwch: AWT-tis-tig)

Gall geiriau fod yn ffwdanus

Mae Bryn a Huw yn hoffi chwarae pêl-droed.

"OK, bawb, ewch i'ch 'ffru-ffru-ffrufiant,'' meddai Bryn wrth ei ffrindiau. Mae'n ceisio gwenu, ond mae'n gwybod nad oedd wedi dweud y gair yn gywir.

"'Ffurfiant' wyt ti'n ei feddwl?" mae un o'i ffrindiau'n gofyn. Mae Bryn yn nodio'i ben. "Mae dyslecsia arna i," esbonia Bryn. "Mae hynny'n golygu mod i'n cael ffwdan gyda rhifau a llythrennau. Maen nhw'n neidio o gwmpas yn fy meddwl, mae'n teimlo fel tipyn o sgrambl pen."

"Finnau hefyd," meddai Huw. "Pan fydda i'n darllen llyfr, mae'r llythrennau i gyd yn dawnsio ar draws y tudalen. Os bydd rhaid i fi ddarllen yn uchel, mi fydda i'n cymryd anadl fawr cyn dechrau. Rwy'n cymryd fy amser wrth ddarllen, ac ar ôl gorffen rydw i'n gwenu."

"Dyslecsia?" Mae ffrind Bryn wedi drysu braidd. "Ond dim ond darllen llythrennau mae hynny'n ei olygu, nage?"

Mae Bryn yn ysgwyd ei ben. "Mae llawer o bobl yn credu hynny, ond mae dyslecsia yn fwy na dim ond darllen. Rydw i'n cael ffwdan i ddweud geiriau mawr. Ac rydw i'n cael ffwdan sillafu ac ysgrifennu."

"Weithiau rydw i'n cael anhawster dod o hyd i'r geiriau iawn i'w dweud," meddai Huw.

"A finnau, ond rydw i'n ceisio gwella!" meddai Bryn gan frolio.

"Mae gen i ddychymyg cryf, a rydw i'n hoffi meddwl am storïau a syniadau newydd hyd yn oed os yw eu dweud nhw'n galed. Pan fydda i'n henach, rwyf am fod yn gyfarwyddwr ffilmiau. Wedyn bydd pawb yn gallu clywed beth sydd gen i i'w ddweud!"

(Dwedwch: dis-LECS-ia)

Sbectol rhywun arall

Mae Anna a Catrin yn chwarae gyda doliau gyda'u ffrindiau.

"O-o, Anna," meddai ei ffrind. "Mae gwallt dy ddoli di yn glymau i gyd!"

"Weithiau rydw i'n cael anhawster brwsio gwallt doli – a 'ngwallt i hefyd," meddai Anna. "Mae gwisgo'n anodd hefyd. Weithiau mi fydda i'n rhoi fy nillad amdanaf tu'n ôl blaen, a rydw i o hyd yn bwrw yn erbyn pethau." Mae Catrin yn gwenu. "Rydw i'n gwneud hynny hefyd. Rydw i'n gallu baglu dros ddim byd."

"Ydy hynny ddim yn gyffredin?" mae eu ffrind yn gofyn. "Mi fydda i'n baglu weithiau hefyd."

Mae Catrin yn ysgwyd ei phen. "Mae dispracsia arnom ni. Mae hynny'n golygu bod ein hymennydd ni'n gwneud pethau fel ysgrifennu, rhedeg a chadw cydbwysedd yn anodd."

"Mae bod â dispracsia fel defnyddio'r llaw anghywir i wneud pethau wrth wisgo sbectol rhywun arall," meddai Anna. Mae Catrin yn chwerthin wrth feddwl am Anna yn gwisgo sbectol ei mam-gu!

"O," medd eu ffrind. "Felly gall pethau sy'n hawdd i fi fod yn anodd i chi?"

"Dyna ti," meddai Anna. "Fel peintio. Rydw i'n hoff iawn o arlunio, ond rydw i'n dueddol o gael mwy o baent arna i nag ar y papur!"

"Rydw i'n hoffi siarad â fi fy hunan a meddwl beth rydw i'n mynd i'w ddweud neu ei wneud nesaf," meddai Catrin. "Gall rhai pobl feddwl bod hynny'n rhyfedd, ond does dim gwahaniaeth gen i. Mae'n fy helpu i gael pethau'n iawn." Mae ffrind Catrin ac Anna yn gwenu. "Wel, os wyt yn gofyn i fi, dydy hynny ddim yn rhyfedd. Mae'n golygu bod gen ti dy ffordd dy hunan. Ac mae hynny'n cŵl!"

(Dwedwch: dis-PRACS-ia)

Faint o streipiau sydd gan sebra?

Mae Sioned a Penri yn tynnu lluniau o batrymau anifeiliaid ar ddarn mawr o bapur.

"Rydw i'n hoffi'r ysgol," meddai Sioned. "Yn enwedig celf. Rydw i'n hoff iawn o dynnu lluniau siapiau a phatrymau mewn nifer o wahanol liwiau. A rydw i'n arbennig o dda yn Saesneg. Rydw i bob amser yn cael marciau uchel am fy storïau. Ond mathemateg? Ych! Mae'r rhifau mor ddryslyd. Maen nhw'n neidio o gwmpas yn fy mhen ac mae fy ymennydd bob amser yn eu troi nhw'n rhifau gwahanol."

Mae Penri yn cytuno. "Gall discalciwlia fod yn anodd. Mae'n ei gwneud yn anodd dysgu neu ddeall rhifau. Mae'n wych fod y plant eraill yn ein dosbarth yn ceisio'n helpu. Mae'r caneuon maen nhw'n eu canu a'r storïau maen nhw'n eu dweud am rifau yn fy helpu i gofio fy nhablau."

"Fe hoffwn pe bae pobl eraill yn deall nad yw discalciwlia yn rhywbeth sy'n mynd i ffwrdd," meddai Sioned. "Fe fydd gyda fi am byth, ond rydw i'n dal mor glyfar â nhw."

Mae Penri yn edrych ar eu llun. "Clyfar, a thalentog. Edrychwch mor hardd yw ein patrymau anifeiliaid!"

(Dwedwch: dis-cal-CIW-lia)

Rhoi gormod o sylw

Mae Modlen ac Elsi yn hoff o berfformio.

"Mae gen i lawer o egni," meddai Modlen. "Rydw i wrth fy modd yn adrodd storïau digri, lliwgar. Ond weithiau mae'r holl egni hwnnw'n achosi helynt i fi, yn enwedig yn yr ysgol. Rwy'n cael anhawster eistedd yn llonydd a chanolbwyntio ar fy ngwaith ysgol, ac rydw i'n siarad drwy'r amser."

Mae Elsi yn cytuno. "Mae llawer o bobl yn methu â chanolbwyntio neu eistedd yn rhy hir. Maen nhw'n meddwl mod i'n ddrwg ac yn ceisio achosi helynt, ond dydw i ddim. Y broblem yw fy mod i'n rhoi gormod o sylw i bethau! Rydw i'n gweld pob peth bach, yn clywed pob sŵn ac yn rhoi sylw iddyn nhw i gyd yr un pryd. Gyda chymaint yn fy mhen, mi fydda i'n anghofio beth rydw i'n ei wneud, neu'n canolbwyntio ar y pethau anghywir."

Mae gan Modlen ac Elsi anhwylder gorfywiogrwydd diffyg sylw (attention deficit hyperactivity disorder) – neu ADHD. Gall rhywun sydd ag ADHD gael ffwdan wrth ganolbwyntio a rheoli eu corff, felly gallan nhw symud o gwmpas drwy'r amser.

"Mae'n anodd," meddai Modlen. "Weithiau fe fydda i'n teimlo fel Sonic y Draenog, bob amser yn rhedeg yn gyflym a byth yn stopio i wneud un peth."

"Rwy'n gwybod beth rwyt ti'n ei feddwl," meddai Elsi. "Weithiau fe fyddwn i'n hoffi gallu arafu a bod fel crwban."

Mae'r merched yn dechrau chwerthin ac yn mynd ar eu traed a'u dwylo. "Pwy sy'n dweud na fedrwn ni fod yn grwbanod?" meddai Modlen. "Yr olaf i gyrraedd y wal sy'n ennill!"

(Dwedwch: A-D-H-D)

Tipyn bach yn ychwanegol

Mae Sal, Haf a Lisa yn y neuadd. Maen nhw'n esgus dawnsio bale.

"Rydw i'n llai na fy ffrindiau," meddai Sal. "Ond rydw i'n gryf iawn, ac rydw i'n hoffi gymnasteg."

"Rydw i'n hoffi dawnsio a chanu," meddai Haf. "Gall fod yn anodd i fi wneud yr holl symudiadau oherwydd bod fy nghyhyrau'n dal i gryfhau, ond rwy'n gwybod y byddaf fi ryw ddiwrnod yn gallu dawnsio'n wych!"

Mae Lisa yn chwerthin. "Mae fy ffrindiau'n meddwl fy mod i'n cŵl iawn oherwydd mae gen i archbŵer. Rydw i'n gallu gwneud i'r bobl fwyaf diflas wenu, a does neb yn gallu rhoi CWTSH fel fi!"

Mae syndrom Down's ar Sal, Haf a LIsa. Mae hynny'n golygu bod eu cromosomau'n wahanol. Blociau adeiladu'r corff yw cromosomau. Maen nhw gan bawb, ond mae gan bobl sydd â syndrom Down's un ychwanegol sy'n gwneud i'w cyrff ddatblygu'n wahanol.

Meddai Lisa, "Mae Mam yn dweud mai cael yr un cromosom ychwanegol sy'n fy ngwneud i yr hyn ydw i. Mae'n dweud ei fod yn fy ngwneud yn arbennig, ac yn well byth, mae'n dweud ei fod yn rhoi mwy mohonof iddi i'w garu!"

(Dwedwch: SIN-drom Down)

Tipyn o hen faw trwyn!

Mae Annest yn blewynna drwy'r rhyngrwyd ar gyfrifiadur ei hysgol. Mae'n dangos gwefan i'w ffrind am ffibrosis systig. Afiechyd yw ffibrosis systig sy'n effeithio ar ysgyfaint Annest a'i gwneud yn anodd iddi dreulio'i bwyd.

"Rydw i'n hoffi gwneud yr holl bethau mae fy ffrindiau'n eu gwneud," meddai Annest, "ond rydw i'n cael anhawster cael gwared â llysnafedd, sef baw trwyn."

"Ych," meddai ffrind Annest. "Baw trwyn?"

Mae Annest yn amneidio. "Rydw i'n mynd yn sâl yn hawdd, sy'n golygu llawer iawn o faw trwyn! I fi allu dal yn iach, mae'n bwysig i fy ffrindiau olchi eu dwylo fel na fyddan nhw'n rhoi eu germau i fi."

Mae ffrind Annest yn gwenu. "Mae'n dda gen i wybod hynny. Beth arall alli di ei wneud i gadw'n iach?"

"Wel, mae'n golygu mod i'n cael anhawster tynnu maethion allan o fwyd, felly rhaid i fi gofio bwyta'r pethau cywir. Mae'n golygu bod rhaid i fi fwyta llawer o fwydydd brasterog fel cnau a chaws," meddai Annest. "Ond hei, fe allai fod yn waeth. Wedi'r cyfan, pwy nad yw'n hoffi caws?"

(Dwedwch: SIS-tig ffy-BRO-sis)

PRYDAU ARBENNIG HEDDIW
Malwod Piri Piri
Spageti Mwydod
Byrger Cacen Dom
- Cacen siocled Ms. Trunchball
- Hufen iâ gyda sos coch
- Pridd Siocled
PLÎS GWNEWCH:
- CHWARAE gyda'ch bwyd
- RHANNU eich plât
YTA gyda'ch dwylo
BER 1

Cyflym iawn a hedfan

Mae Berian yn yr ystafell ginio. Mae ei athrawes, Miss Jones, yn ei helpu i fwyta ei frechdan gaws. Mae dystroffi'r cyhyrau ar Berian. Er ei fod yn edrych fel pawb arall, mae ei gorff yn wahanol. "Dydw i ddim mor gryf â bechgyn eraill o'r un oed â fi," meddai Berian rhwng pob cegaid o frechdan. "Mae hynny oherwydd bod fy nghyhyrau'n mynd yn wannach yn lle mynd yn gryfach. Ac rwy'n blino hefyd. Mae dystroffi'r cyhyrau'n effeithio ar fy nghydbwysedd. Roeddwn i'n arfer hoffi mynd ar fy meic, ond bu'n rhaid i fi roi'r gorau i hynny oherwydd roeddwn yn syrthio oddi arno drwy'r amser."

"Mae'n rhaid bod hynny'n galed," meddai Miss Jones.

"Ydy. Rydw i eisiau bod fel fy ffrindiau, ond pan fydd dystroffi'r cyhyrau arnoch, mae'n eich gwneud yn araf. Rydw i'n defnyddio cadair olwyn ac rydw i'n dysgu mynd yn gyflym iawn. Ond dydw i ddim bob amser yn gallu gwneud fel fy ffrindiau, er na fydda i byth yn ildio! Ac mae un peth rydw i'n gallu ei wneud, waeth beth sy'n digwydd: teithio! Rydw i'n hoff iawn o fynd gyda fy rhieni i wahanol rannau o'r byd, cwrdd â phobl newydd a dysgu am eu diwylliant a sut maen nhw'n deall dystroffi'r cyhyrau."

(Dwedwch DYS-troffi'r cyhyrau)

Symud a chanu

Mae Tandi a Nora yn y cae yn chwarae.

"Rydw i'n hoffi canu," meddai Tandi, "ond yr hyn rydw i'n ei hoffi'n fawr yw nofio. Pe bawn i'n gallu, fe fyddwn yn byw yn y môr mawr glas, yn chwarae gyda dolffiniaid a chrwbanod môr a chasglu cregyn môr."

"Wel, rydw i'n hoffi cerdded," meddai Nora, "ond rydw i'n cael ffwdan gyda grisiau a phalmentydd. Mae defnyddio fy nwylo'n galed hefyd. Mae'n anodd cydio mewn pensil neu lwy. A hefyd cau fy esgidiau! Ond dydw i ddim yn gadael i hynny fy niflasu. Ac rydw i'n gwneud ymarferion corfforol i ddod yn gryfach."

"Fi hefyd!" meddai Tandi. "Rydw i'n cael anhawster eistedd i fyny a symud o gwmpas ar fy mhen fy hun, felly rydw i'n defnyddio cadair olwyn i helpu. Mae angen i fi wneud ymarferion yn rheolaidd er mwyn i fy nghyhyrau ddod yn gryf ac i fi allu dysgu symud fy nghorff yn well."

Mae parlys yr ymennydd ar Tandi a Nora.

"I'r rhan fwyaf o bobl, mae eu hymennydd yn dweud wrth eu corff beth i'w wneud a phryd i'w wneud," meddai Nora. "Ond mae parlys yr ymennydd yn drysu'r negeseuon hynny ac yn ei gwneud yn anodd i fi gerdded, siarad neu fwyta."

"Os bydd rhywun yn fy ngweld yn eistedd ar fy mhen fy hunan, rydw i bob amser yn gobeithio y bydd yn aros i ddweud helo a gofyn i fi chwarae," meddai Tandi. Mae Nora yn gwenu ac yn cytuno. Mae'n braf cael ffrind sy'n deall.

(Dwedwch: Parlys yr ym-ENN-ydd)

Llew
MERI
ANN
Ale
NB

Gweld â'ch llygaid

Mae cloch yr ysgol yn canu a'r plant yn mynd i mewn i'r gampfa i chwarae pêl-fasged. Mae MeriAnn, Aled a Llew yn cerdded ar flaen y rhes. Fel hynny maen nhw'n gallu edrych yn ôl i weld pobl yn siarad. Mae'r tri yn drwm eu clyw. Mae hynny'n golygu eu bod yn cael anhawster i glywed y byd o'u cwmpas.

"Pan oeddwn ifanc iawn, roeddwn i'n defnyddio botwm clust," meddai MeriAnn. "Dysgais siarad hefyd. Ond nawr gan fy mod yn hollol fyddar, rydw i'n defnyddio iaith arwyddion. Rwy'n defnyddio fy nwylo i wneud siapiau i siarad â phobl eraill."

Mae Aled yn cyffwrdd ei fotwm clust. "Weithiau mae fy ffrindiau'n siarad yn rhy gyflym. Maen nhw'n colli amynedd pan fydda i'n gofyn iddyn nhw ddweud pethau eto. Fe hoffwn pe baen nhw'n siarad yn araf ac yn glir, nid gweiddi arna i."

Mae Llew yn amneidio. "Pan ddechreuais yn yr ysgol, cefais amser caled. Roedd pobl yn meddwl fy mod yn anghwrtais, yn peidio â rhoi sylw. Yna dywedodd y meddyg mod i'n fyddar mewn un glust. Rydw i wedi dysgu, os byddwch yn siarad yn glir ac yn fy wynebu, fy mod yn gallu dilyn eich gwefusau."

"Rwy'n falch ein bod yn cael cerdded ar flaen y rhes," meddai MeriAnn. "Fel hynny rydyn ni'n gallu gweld gwefusau pobl. Pan na fydd pobl yn siarad o fy mlaen, rwy'n mynd yn drist iawn. Rwy'n methu ymuno yn yr hwyl. Ond rydw i'n hapus pan allwn ni chwarae gyda'n gilydd a finnau'n gallu deall beth mae pobl yn ei ddweud."

Golwg a sŵn

Mae Mina yn y stafell gerdd yn canu piano.

"Rydw i'n hoffi dod i'r ysgol. Cerdd yw fy hoff wers," meddai wrth ei ffrindiau. "Rydw i'n gallu canu'r piano yn arbennig o dda ac offerynnau chwyth. Mae fy llygaid yn wan, sy'n golygu nad ydw i'n gallu gweld yn dda iawn. Ond mae fy nghlustiau'n gweld yn iawn! Dyna pam rydw i'n hoffi cerddoriaeth. Rydw i'n hoffi gwrando ar yr holl synau hardd mae offerynnau'n eu gwneud."

"Rydw i'n dysgu darllen print bras," meddai Adeela. "Rydw i'n defnyddio gwydr chwyddo, sy'n helpu gwneud y geiriau'n fwy. Mae fy nghyfrifiadur yn yr ysgol yn wych. Mae ynddo darllenydd testun sy'n darllen y geiriau'n uchel i fi gael eu clywed."

"Fedra i ddim gweld cymaint â phlant eraill, ond gydag ychydig help rwy'n gallu gwneud unrhyw beth fynna i," meddai Mina. "Rwy'n hoffi dringo coed, chwaraeon, darllen am yr uncorn, cwrsio fy mrawd, a—"

"Tynnu llun yr enfys!" meddai Adeela gan chwerthin. "Rydw i'n gallu gweld rhywfaint o hyd, a rydw i'n gwneud y gorau o hynny!"

ADEELA
ELTON WOZ HERE

Mwynhewch yr hyn rydych yn ei hoffi

Mae Chloe, Cami ac Indie yn y lle chwarae. O'u cwmpas i gyd mae'r plant eraill yn rhedeg ac yn neidio. Ond mae'r tair merch yn methu ag ymuno â nhw, oherwydd mae arnyn nhw i gyd spina bifida. Mae hynny'n golygu bod bwlch yn eu hasgwrn cefn.

Meddai Indie, "Dydw i ddim yn hoffi rhywun yn gwthio fy nghadair olwyn, oni bai mod i wedi blino'n lân. Ond rydw i'n hoffi mynd mor gyflym ag y gallaf ar fy mhen fy hun!"

Mae Chloe yn cytuno. "Finnau hefyd. Mae taranu i lawr y neuadd yn hwyl! Ond rydw i'n hoffi dawnsio a cherddoriaeth hyd yn oed yn fwy. Fedra i ddim cerdded, felly rwy'n dawnsio yn eistedd ar y llawr."

Mae gan Cami ffrâm i'w helpu i gerdded. "Rwy'n cael anhawster rhedeg a dringo ar bethau. Mi wn fod fy meddwl yn anfon y negeseuau iawn, ond maen nhw'n mynnu mynd ar goll ar eu ffordd i fy nghoesau! Ond does dim gwahaniaeth. Mae llawer o bethau rwy'n gallu eu gwneud heb goesau. Rwy'n hoffi ysgrifennu storïau, mynd i wersylla gyda fy ffrindiau a chreu pethau."

"Dydy spina bifida byth yn fy rhwystro rhag gwneud yr hyn rydw i'n ei hoffi," meddai Indie.

"Pe bawn i'n gallu dweud un peth wrth blant eraill sydd â spina bifida, dal i wneud yr hyn rydych chi'n hoffi fyddai hynny," meddai Chloe. "Mae gennych stori ryfeddol. Rhannwch hi a helpwch bobl eraill!"

(Dwedwch: SBI-na BIFF-i-da)

Pan fydd pethau'n dod i stop

Mae Llwyd, Poppy a Lea yn eistedd yn y cysgod yn chwarae gemau cardiau.

"Llwyd, dy dro di nawr," meddai Poppy. "Llwyd? Wyt ti'n gwrando?"

Mae Llwyd yn gwenu. "Mae'n ddrwg gen i, roeddwn i'n edrych ar y coed. Gobeithio nad oeddwn yn codi ofn arnat. Weithiau pan fydda i'n edrych fel pe bawn i'n breuddwydio, mewn gwirionedd rwy'n cael atafaeliad bach. Mae hynny'n golygu bod fy ymennydd yn rhewi os bydd yn mynd yn rhy brysur. Mae'n digwydd i fi am fod arna i epilepsi."

"Pan fydda i'n cael atafaeliad, mi fydda i'n sefyll ar fy nhraed yn y dosbarth ac yn cerdded o gwmpas yn curo fy nwylo," meddai Lea. "Atafaeliadau ffocal sydd arna i. Dydw i ddim bob amser yn gwybod beth rwy'n ei wneud pan gaf fi atafaeliad, ond rwy'n gwybod mod i bob amser wedi blino wedyn ac yn gorfod gorffwys."

"Atafaeliadau tonig-clonig sy arna i," meddai Poppy. "Maen nhw'n gwneud i 'nghorff ysgwyd i gyd ac yn aml byddaf yn stopio anadlu. Mae'r enw'n swnio'n rhyfedd ond mae'n gallu codi ofn arna i. Yn ffodus mae Fin gen i, fy nghi cymorth rhyfeddol. Mae'n dod gyda fi i bob man. Y ffwdan yw bod pobl yn meddwl mai ci anwes yw e. Fe hoffwn pe bae pobl yn gwybod na ddylen nhw roi mwythau i gŵn cymorth pan fyddan nhw'n gweithio. Pan fyddwch yn rhoi mwythau iddyn nhw, maen nhw stopio helpu eu perchennog. Dyna pryd y gallai atafaeliad ddigwydd, a gallwn i fod mewn ffwdan go iawn!"

Meddai Lea, "Ar ôl i fi dyfu i fyny, rydw i am hyfforddi cŵn cymorth fel Fin."

(Dwedwch: E-pi-LEP-si)

Yn y dŵr

Mae Olwen, Xavier a'u ffrindiau'n dysgu nofio.

"Rydw i'n hoffi nofio a chwarae y tu allan," meddai Olwen. "Ond rydw i'n blino'n hawdd iawn ac yn gorfod gorffwys. Os bydda i'n blino gormod, fe allwn i daro yn erbyn pethau."

"Rydw i'n taro yn erbyn pethau drwy'r amser," meddai ffrind Olwen. "Dydy hynny ddim yn broblem fawr."

"Mae'n broblem i fi," meddai Olwen. "Mae fy esgyrn i'n fregus iawn. Petawn i'n taro yn erbyn rhywbeth, fe allen nhw dorri! Unwaith gefais i annwyd a pheswch mor galed nes i fi dorri un o'm hasennau!"

"Ww!" meddai ffrind Olwen. "Wyddwn i mo hynny!"

Mae Xavier yn cytuno. "Mae afiechyd esgyrn brau ar Olwen a fi. Mae hynny'n golygu y gall esgyrn dorri'n rhwydd iawn. Mae mor anodd. Rydw i'n llai na fy ffrindiau ac mae ffyn yn fy nghoesau i gynnal fy esgyrn."

"Rhaid i fi fod yn ofalus iawn," meddai Olwen. Dyna pam mae Beti gyda fi, fy nghi cymorth. Mae hi'n codi pethau os bydda i'n gadael rhywbeth i ddisgyn ar ddamwain. Mae hi yna bob amser os bydda i'n cynhyrfu neu os bydda i'n dechrau gofidio am niweidio fy hunan."

Mae Xavier yn gwenu. "Mae cael esgyrn brau yn anodd, ond dydy hynny ddim yn ein stopio rhag cael hwyl!"

Mae'n cicio ychydig ddŵr ac yn ei daflu dros ei ffrindiau. "Edrychwch!"

Fy mhwmp anadlu cŵl

Mae cloch yr ysgol yn canu i ddangos ei bod yn ddiwedd y diwrnod. Mae'r plant yn llifo allan o'u stafelloedd dosbarth ac yn dechrau mynd tuag adre. Mae Elen a Jac yn cerdded adre gyda'i gilydd, yn cicio hen dun yn ôl ac ymlaen ac yn chwerthin. Mae Jac yn hoffi rhedeg o gwmpas a chael hwyl gyda ffrindiau. "Pan fydda i'n rhedeg o gwmpas yn brysur, weithiau rwy'n cael trafferth anadlu. Rhaid i fi ddefnyddio fy mhwmp anadlu i'w gwneud yn rhwyddach."

"Rydw i'n deall yn iawn!" meddai Elen. "Weithiau mae'n teimlo fel pe bae eliffant yn eistedd ar fy mrest. Mae'n gwasgu'r aer allan o fy ysgyfaint ac rwy'n methu eu llenwi eto."

Mae asthma ar Elen a Jac. Mae hyn yn golygu eu bod nhw weithiau'n cael anhawster anadlu ac weithiau maen nhw'n gwichian ac yn peswch yn hir. Rhaid iddyn nhw fod yn ofalus os cânt annwyd, pan fydd llawer o baill neu lwch yn yr aer, neu os bydd y tywydd yn oer iawn. Gall bod yn wahanol fod yn her i lawer o blant, ond fydd hynny ddim yn eu stopio rhag mwynhau pob munud o'u bywyd!

(Dwedwch: Asma)

Termau a chysylltiadau defnyddiol

ADHD (Modlen ac Elsi, t.14)
Cyflwr sy'n effeithio ar ymddygiad pobl. Maen nhw'n cael anhawster canolbwyntio a chadw'n llonydd. Am wybodaeth, cyngor a chefnogaeth ewch i www.adhdfoundation.org.uk.

Asthma (Elen a Jac, t.35)
Anhwylder cyffredin ar yr ysgyfaint sy'n achosi anhawster anadlu ar adegau. Am wybodaeth, cyngor a chefnogaeth ewch i www.asthma.org.uk.

Awtistiaeth (Iola, Axel a Cai, t.6)
Cyflwr sbectrwm sy'n effeithio ar bobl mewn ffyrdd gwahanol. Fel pawb, mae gan bobl awtistig eu cryfderau a'u gwendidau. Am wybodaeth, cyngor a chefnogaeth ewch i www.autism.org.uk.

Esgyrn brau (Olwen a Xavier, t.32)
Anhwylder genetig a'r brif nodwedd yw esgyrn brau sy'n torri'n hawdd. Am wybodaeth, cyngor a chefnogaeth ewch i visit brittlebone.org.

Parlys yr ymennydd (Tandi a Nora, t.22)
Cyfle gydol oes sy'n effeithio ar allu person i symud a chyd-drefnu'r corff. Am wybodaeth, cyngor a chefnogaeth ewch i www. cerebralpalsy.org.uk.

Ffibrosis systig (Annest, t.18)
Cyflwr etifeddol sy'n achosi i faw trwyn grynhoi yn yr ysgyfaint a'r system dreulio bwyd. Gall hyn achosi afiechyd yn yr ysgyfaint a phroblemau wrth dreulio bwyd. Am wybodaeth, cyngor a chefnogaeth ewch i www.cysticfibrosis.org.uk.

Byddardod a cholli'r clyw (MeriAnn, Aled, a Llew, t.25)
Gall hyn fod yn rhywbeth dros dro neu'n barhaol a gall effeithio ar bob oed. Am wybodaeth, cyngor a chefnogaeth ewch i bda.org.uk.

Syndrom Down's (Sal, Haf a Lisa, t.17)
Mae hyn yn digwydd pan gaiff rhywun ei eni â chromosom ychwanegol. Am wybodaeth, cyngor a chefnogaeth ewch i www.downs-syndrome.org.uk.

Discalciwlia (Sioned a Penri, t.13)
Anhawster i ddeall rhifau, sy'n gallu arwain at amrywiol broblemau gyda mathemateg. Am wybodaeth, cyngor a chefnogaeth ewch i www.dyscalculiaassociation.uk.

Dislecsia (Bryn a Huw, t.9)
Anhawster dysgu cyffredin sy'n gallu achosi problemau wrth ddarllen, ysgrifennu a sillafu. Am wybodaeth, cyngor a chefnogaeth ewch i www.bdadyslexia.org.uk.

Dispracsia (Anna a Catrin, t.10)
Cyflwr niwrolegol sy'n effeithio ar gydsymud y cyhyrau a chysyniadaeth. Am wybodaeth, cyngor a chefnogaeth ewch i www. dyspraxiauk.com.

Epilepsi (Llwyd, Poppy a Lea, t. 30)
Cyflwr sy'n effeithio ar yr ymennydd ac yn achosi atafaeliadau dros dro. Atafaeliadau yw hyrddiadau trydan yn yr ymennydd sy'n effeithio dros dro ar y ffordd mae'n gweithio. Gall hyn achosi amrywiaeth eang o symptomau. Am wybodaeth, cyngor a chefnogaeth ewch i www.epilepsy.org.uk.

Distroffi'r cyhyrau (Berian, t.21)
Y cyhyrau'n gwanhau'n raddol, gan achosi anhawster cynyddol wrth symud a gweithgarwch y corff. Am wybodaeth, cyngor a chefnogaeth ewch i www. musculardystrophyuk.org.

Spina bifida (Chloe, Cami ac Indie, t.29)
Mae hyn yn digwydd pan fydd asgwrn cefn a llinyn cefn baban heb ddatblygu'n iawn yn y groth, gan achosi bwlch yn yr asgwrn cefn. Am wybodaeth, cyngor a chefnogaeth ewch i www.shinecharity.org.uk.

Nam ar y golwg (Mina ac Adeela, t.26)
Mae yna wahanol fathau o gyflyrau neu afiechydon ar y llygaid sy'n gallu achosi colli'r golwg, fel glawcoma a philennau. Ni fydd llawer o bobl yn colli eu golwg yn llwyr – bydd nifer sy'n colli eu golwg yn dal i allu gweld rhywfaint. Am wybodaeth, cyngor a chefnogaeth ewch i www.rnib.org.uk.

Cyffredinol

Mencap
www.mencap.org.uk/learningdisability-explained

Learning Disability Today
www.learningdisabilitytoday.co.uk

Rare Disease UK
www.raredisease.org.uk

Scope
www.scope.org.uk

Disability Rights UK
www.disabilityrightsuk.org

My AFK
www.my-afk.org